AF462822

UNE

VIEILLE FAMILLE FRANÇAISE

PAR

AL. BARBERON

TOURS

E. JULIOT, IMPRIMEUR

1904

UNE

VIEILLE FAMILLE FRANÇAISE

PAR

AL. BARBERON

TOURS
E. JULIOT, IMPRIMEUR

1904

TABLE DES MATIÈRES

UNE

VIEILLE FAMILLE FRANÇAISE

LES BARBERON

I. — BARBERONVILLE.

La famille Barberon est ancienne. A une époque indéterminée, mais lointaine, un de ses membres créa Barberonville.

Barberonville (*Barberonis villa*) figure dans les chartes antérieures à la troisième dynastie. Plus tard, en 990, le roi Hugues Capet le mentionne dans un édit de restitution de biens d'église.

Situé dans cette partie de la Beauce qui forme aujourd'hui le canton de Malesherbes, Barberonville était dans la mouvance de l'évêché d'Orléans.

Quelle était l'origine de celui qui l'a fondé? L'aspect de son nom dénote une parenté latine. Venait-il d'au delà des Monts, ou bien était-il Gallo-Romain, c'est-à-dire Gaulois romanisé?

La première hypothèse est la plus probable. Le type brun domine dans la descendance telle que nous pouvons l'observer aujourd'hui. D'ailleurs, il existait des Barberon en pays lombard, à l'époque médiévale. Il y eut même un cardinal Barbero, qui fut ambassadeur de la République de Venise, et dont le palais se profile encore sur le Grand Canal.

Avant la Révolution, on signale des Barberon à mi-chemin de l'Italie, dans la région lyonnaise. Ils portaient : *de sinople à trois fasces ondées d'argent*. Nous ne pouvons dire si cette branche existe encore.

***

Pendant des siècles, les membres de la famille sont restés, en nombre, groupés dans un rayon de quelques lieues autour du centre créé par leur aïeul, mais la villa des Temps Carolingiens, plus tard château du Moyen-Age, a cessé de leur appartenir. Dans quelles conditions, à quel moment est-elle sortie de leurs mains ? Sans doute, à la suite des troubles amenés dans les situations des familles terriennes par les querelles intestines ou les luttes contre les ennemis du dehors. Taine, dans son bel ouvrage sur l'Ancien Régime, a dépeint d'une manière saisissante la détresse à laquelle beaucoup de ces familles avaient été réduites par des guerres continuelles. Barberonville connut de nouveaux maîtres. Les La Tour du Pin de Chambly l'ont possédé pendant cent cinquante ans. Il est aujourd'hui la propriété d'une famille blésoise.

Il n'a presque rien gardé de son ancien état. Les bâtiments subsistants ou récemment construits ont été aménagés pour la culture.

Ils s'élèvent sur un petit renflement du sol en un point de la ligne de séparation des eaux entre la Seine et la Loire.

Trois corps de ferme se partagent aujourd'hui l'emplacement où se dressait jadis la demeure seigneuriale. L'une des fermes, nouvellement rebâtie, a gardé néanmoins sa vieille entrée qui, vers l'heure où le soleil monte à l'horizon, projette l'ombre de sa grande arcade ogivale sur les eaux frissonnantes de la mare, compagne obligée des habitations dans le pays privé d'eaux courantes.

Sa voisine immédiate a gardé quelque peu de sa physionomie du XVe siècle, grâce à ses fenêtres aux encadrements moulurés, à ses jambages de portes évidés en fines colonnettes, à leurs chapitaux délicats.

La plus importante des trois fermes semble occuper la cour qui était réservée aux communs du château. On y pénètre aujourd'hui par le grand portail en arc roman, dont le temps et les hommes ont respecté la fière allure.

Derrière la cour, l'œil retrouve sur le sol herbeux les traces des murs de l'ancien manoir et les vestiges d'un colombier qui fut rasé il y a trente ans. Au delà, vers le couchant, s'étendent les terrains du parc disparu, qui descendent en pente douce vers un petit affluent de la rivière d'Étampes.

Désignations traditionnelles, vagues indices, fragments plus ou moins complets. C'est là tout ce qui reste, à cette heure, d'un passé qui ne fut pas sans noblesse.

II. — LES BARBERON.

Les Barberon se sont accrus singulièrement en nombre depuis les temps du roi Robert. Nulle part, ailleurs que chez eux, on a vu pratiquer plus consciencieusement le précepte des Saintes Écritures : *Crescite et multiplicamini.* Les ménages où l'on comptait huit, dix et douze enfants n'étaient pas rares.

Nécessairement tous ces représentants d'une même race n'ont pas marché du même pas dans la vie. Ils ont eu des fortunes inégales et très variées. Suivant les hasards de l'existence et les qualités individuelles, ils se sont espacés sur les degrés de l'échelle sociale. Parmi eux se trouvent des adeptes des professions libérales, avocats, notaires, magistrats, des officiers de l'armée, des agriculteurs, des industriels ; mais tandis que les uns ont occupé des positions honorées et enviables, d'autres, moins favorisés du sort, simples cultivateurs, petits commerçants et même artisans, sont restés confinés dans des milieux plus modestes. Mais ces hommes qui, en dépit de la différence des conditions, peuvent se réclamer des mêmes ancêtres doivent méditer, dans le fond de leur cœur, ces paroles du grand orateur chrétien : *Dieu veut que l'on conserve le souvenir des origines communes, si éloignées qu'elles soient, et qu'il en dérive des obligations particulières. Il veut que les hommes respectent toutes les liaisons du sang.*

La plupart d'entre eux d'ailleurs ont gardé le culte des qualités héréditaires : la droiture, un jugement sain, une intelligence éveillée, ne demandant qu'au travail, à la pratique des vertus professionnelles les moyens de parvenir. Ils ont d'instinct mis à leur usage cette devise adoptée par l'un d'entre eux : RECTE SEMPER.

III. — SOUS LES ROIS.

Les Barberon ont fait bonne figure dans l'armée.

A la fin du règne de Henri IV, Jehan était Trésorier-payeur de la Gendarmerie de France. La Gendarmerie, qu'il ne faut pas confondre avec la maréchaussée, était un corps d'élite, survivance des anciennes Compagnies d'Ordonnance créées par Charles VII.

Il avait succédé dans cette charge au sieur Timothée Moussals, à une date que nous ne pouvons préciser. Toutefois, deux pièces de comptes portant sa magistrale signature marquent assez bien le temps où il exerçait ses fonctions. Elles sont respectivement du 7 novembre 1613 et du 31 décembre 1618, relatant des sommes reçues du sire de Romilly, conseiller du roi et trésorier général ordinaire de la Chambre.

On trouve le petit-fils de Jehan, en l'an 1696, capitaine de grenadiers à Montpellier. Il était devenu seigneur de Fontanes, par suite d'alliance avec une héritière du pays.

Bien d'autres, comme lui, passèrent dans les armées du grand roi et de son successeur Louis XV. Tel, Pierre, fils de Guillaume et de Françoise Rousseau, qui fut un brave soldat. Né dans la paroisse d'Izy, en 1734, il eut la malchance de tirer le billet noir ; il dut quitter son cher domaine du Fresnay, fut enrolé dans les Troupes Provinciales, et périt dans la guerre de Sept ans.

IV. — DE VALMY A WATERLOO

Plus heureux fut Vital, fils de Jean et de Reine Rousseau, natif de Bazoches.

Volontaire en l'an II, il est élu, par ses camarades, capitaine à l'âge de dix-neuf ans. Il rejoint l'armée de Mayence.

Il est transporté dans les provinces insurgées de l'ouest, après la capitulation de la place rhénane et sert sous les ordres de Kléber, dans ces vaillantes troupes qui, au dire des historiens royalistes, frappèrent d'admiration les Vendéens, quand ceux-ci les rencontrèrent pour la première fois sur le champ de bataille.

Démissionnaire le 4 vendémiaire an V, il vient exercer les fonctions de secrétaire du District à Neuville-aux-Loges, aujourd'hui Neuville-aux-Bois. Il est nommé notaire à Outarville, le 14 brumaire an VIII, et plus tard, en 1831, Juge-de-paix du canton.

Entre temps, il agrandit, embellit sa demeure, où il accueille ses neveux, avec une tendresse d'autant plus vive, que sa femme Geneviève Chaussier ne lui a pas donné d'enfants. Il pratique à l'égard de tous les siens la plus large et la plus cordiale hospitalité.

On l'appelait communément l'oncle Vital. Il meurt en 1846.

*
* *

Durant cette période qui s'étend de Valmy à Waterloo, bien des Barberon ont arrosé de leur sang la terre d'Europe. L'un deux, Étienne-Jacques, mourait en 1796 sur les plages de l'Irlande. Il était de cette expédition hardie qui, sous le commandement de Hoche, avait pour objet d'arracher l'île Verte à l'Angleterre.

Plus tard, au déclin de l'Empire, un autre, Pierre-Sébastien, succombait sous les murs de Dantzig.

En la fatale année 1813, un descendant des Barberon, le général Étienne Delaporte, trouvait la mort sur les champs de bataille de la Péninsule. Parti de Bazoches, en l'an II, avec la levée de trois cent mille hommes, il avait, pendant vingt ans, parcouru le continent les armes à la main. Il était commandeur de la Légion d'honneur. Ses compatriotes, désireux d'honorer sa mémoire, sont en instance auprès des pouvoirs publics pour obtenir que son nom soit donné à la nouvelle caserne construite à Pithiviers.

C'était aussi un fier soldat, et qui tenait de près aux Barberon, l'Adjudant-Major Joseph Gombault. Son frère André avait combattu à Austerlitz, et vu brûler Moscou. Lui-même avait guerroyé sur les rives du Weser et dans les Sierras Espagnoles. Quelques-unes de ses lettres, remplies d'intéressants détails, témoignent combien fut meurtrière la lutte soutenue au delà des Pyrenées contre un peuple fanatisé. Nos effectifs, incessamment renouvelés, fondaient comme la neige au soleil. Joseph fut tué dans les plaines de la Champagne en 1814. Il faisait partie de cette poignée de braves qui, sous la conduite de l'Empereur, disputèrent désespérément à l'étranger le sol national.

*
* *

Dans cette revue rapide, n'oublions pas le capitaine Charles, né à Grigneville, de François et de Marie Auger.

Retraité en 1815, chevalier de la Légion d honneur, il s'établit à Neuville, près de sa sœur, Mme Legendre. Il avait épousé Catherine Possez, et vécut de longues années, vénéré de ses concitoyens, comme un souvenir vivant de la grande époque.

C'est à Neuville qu'il finit ses jours en 1851. Il avait quatre-vingt-sept ans.

V. — NOTABLES, ÉCHEVINS, JUGES, ETC.

De tout temps les Barberon se sont activement mêlés à la vie locale et ont siégé dans les conseils des paroisses et des communes.

En 1719, Bethaire, fils d'Étienne et d'Étiennette Challine, est administrateur des biens de l'église de Bazoches. Son petit-fils Jean est délégué par les notables à l'Assemblée Municipale de 1787, et quelques années après il remplit le rôle d'Officier Municipal créé par les lois nouvelles. Beaucoup d'autres Barberon exercent les fonctions d'échevins, de conseillers, de juges, de maire ou adjoint dans Bazoches et dans les communes environnantes. Nous avons sous les yeux une pièce assez curieuse et qui nous touche, parce que plusieurs Barberon y sont inscrits en qualité de Notables. C'est une adresse présentée par les gens de Bazoches-les-Gallerandes à M. l'abbé Philippe, seigneur de Faronville, pour l'inviter à accepter le commandement de la garde nationale du canton. Ceci se passait en août 1790. La Révolution en était à cette courte et heureuse période, dont nous avons eu comme un renouveau aux débuts de la seconde République, quand les curés étaient conviés par les populations enthousiastes à bénir les arbres de la liberté.

*
* *

En 1831, l'oncle Vital avait eu pour successeur dans son étude son neveu Frédéric-François, fils de Jacques, qui fut percepteur, et de Jeanne Gombault. Pendant que Frédéric exerçait ses pacifiques fonctions notariales, il fut appelé, comme autrefois l'abbé de Faronville, à commander, avec le grade de chef de bataillon, la garde nationale du canton d'Outarville. De ce chef il recevait une marque d'estime à laquelle il ne fut point insensible. Cet honneur était alors fort recherché. C'était le temps où, sous les auspices du roi citoyen, les baïonnettes intelligentes étaient à la mode.

Plus tard, devenu juge de paix, prisé pour son impartialité, sa justice et sa connaissance des lois, il eut malheureusement l'occasion de voir mettre à l'épreuve non sa valeur guerrière, mais sa fermeté d'âme. Les gens du pays n'ont pas oublié ce qu'il fut en 1870, devant l'invasion. L'ennemi avait fait irruption dans la plaine Beauceronne, et Frédéric se vit en contact forcé avec les envahisseurs, Prussiens insolents et Bavarois pillards. Menacé de se voir transporter captif dans les forteresses allemandes, il imposa le respect par son calme et sa dignité. Toujours maître de lui-même, il sut contenir les emportements des chefs ennemis et modérer au profit de ses concitoyens les exigences du vainqueur.

Ses fonctions de maire, de conseiller d'arrondissement, puis de juge de paix, l'appelaient souvent à diriger des enquêtes, à présider des commissions locales, et là, comme partout, il faisait apprécier son esprit d'ordre et sa lucidité. A cette occasion les pouvoirs publics lui décernèrent, en témoignage de satisfaction, une Médaille d'Honneur que ses enfants conservent comme un précieux souvenir.

VI. — CALVINISTE.

Anciens feudataires de l'Église, les Barberon ont vécu de tout temps en bonne intelligence avec les clercs. Pourtant l'un d'eux, Pierre-Germain, de Neuville-aux-Bois, s'écarta de la voie droite. Entraîné par la passion qui conduisit le roi Salomon au culte des idoles étrangères, il épousa successivement trois femmes, et toutes trois étaient protestantes. Lui-même eut la faiblesse d'embrasser la religion prétendue reformée.

Bien que depuis une cinquantaine d'années les religionnaires eussent recouvré l'état civil, il faut reconnaître qu'ils n'étaient pas traités avec une grande considération par les autorités royales. En 1783, la deuxième femme de Pierre-Germain, Marie-Louise Cherotte, étant décédée, son mari dut, conformément à la déclaration de 1736, demander un permis d'inhumation *en terre profane*. En réponse à sa requête, le procureur du roi ordonne que le corps de la femme du suppliant sera enterré *où bon lui semblera*. Les dissidents n'avaient pas de champ de repos affecté à leur culte.

Le trouble causé dans les consciences de la famille fut heureusement de courte durée. Le 13 juin 1784, Pierre, fils du précédent, abjurait solennellement l'erreur de Calvin dans l'église de Neuville, entre les mains du curé de la paroisse, et rentrait soumis et repentant dans la communion romaine.

Deux jours après son abjuration, Pierre épousait Marie-Françoise Brechemier. Françoise était jolie, avenante et bonne catholique.

VII. — SOUS LA TERREUR.

Une revue bien connue, la *Révolution française* de M. Aulard, citait, dans le numéro de juillet 1902, un fait bien propre à nous consoler des défaillances de Pierre-Germain. C'est le cas des demoiselles Jeanne et Élisabeth Barberon, qui furent victimes de la frénésie révolutionnaire.

Elles étaient nées, Jeanne en 1744, Élisabeth en 1750, de Pierre et de Jeanne Porthaut, agriculteurs à Spuis, paroisse de Chaussy, en Beauce. Elles faisaient partie d'une famille nombreuse où l'on comptait douze enfants.

Élisabeth et Jeanne tenaient un pensionnat de jeunes

filles à Orléans, rue de la Crosse, et jouissaient d'une considération toute particulière dans la contrée.

Pieuses et vaillantes, elles ne craignirent pas de donner asile à un prêtre proscrit, l'abbé Ploquin, et à un jeune officier revenant de l'armée de Condé, M. Bimbenet, originaire de Mer.

Écoutons l'abbé Cochard, l'érudit directeur des *Annales Religieuses* du diocèse d'Orléans, qui vient de rappeler dans ses feuilles (1903) ce tragique épisode :

« Dénoncées par un de leurs locataires comme recé-
« lant un prêtre et un gendarme, elles furent arrêtées
« avec leurs hôtes le 13 septembre 1793. Transférées à
« Paris, à la Conciergerie, elles ne devaient en sortir
« que pour être guillotinées.

« La veille de sa mort, M. Bimbenet écrivait à son
« frère : Je crois que l'homme qui nous a dénoncés est
« dans la misère. Je désirerais que vous lui fissiez pas-
« ser cent livres. Il a plusieurs enfants et n'a probable-
« ment pas reçu cette somme qui était l'espérance de
« sa dénonciation. A Dieu, mon cher frère et ami ; nous
« nous reverrons dans l'Éternité.

« L'instruction fut longue, si longue qu'arrêtées
« avant les hôtes de Mlle Poullin elles durent attendre
« cinq mois avant de passer en jugement. Certes, ces
« charretées funèbres ne chômaient pas avec le féroce
« Fouquier-Tinville. Bimbenet aurait pu profiter de ce
« délai pour s'échapper ; mais soit pour ne pas se sépa-
« rer de celles qui souffraient pour lui, soit pour expier
« ses écarts de jeunesse, il resta, sachant que c'était
« pour mourir.

« Enfin, vers la fin de février 1794, l'affaire fut appe-
« lée. Les pieuses demoiselles et leurs hôtes, l'abbé
« Ploquin et M. Bimbenet, furent condamnés à mort.
« Ce dernier accepta en souriant son arrêt, et en sor-
« tant du tribunal il exhortait ses hôtesses et son com-
« pagnon à mourir en chrétiens.

« Un jeune prêtre qui, pour assister les condamnés,
« accompagna la charrette où les victimes de la rue de

« la Crosse étaient montées, déclarait à M. Émery, qui « lui aussi était captif à la Conciergerie, que sur toute « la route il fut frappé de la sérénité, de la gaîté même « qui paraissaient sur le visage de M. Bimbenet. Sa « joie éclata à la vue de la guillotine, et en y montant « il chanta le psaume : *Laudate Dominum gentes.*

« N'est-ce pas là une page des martyrs de la primi- « tive Église? »

L'exécution avait eu lieu le 9 prairial an II, le jour même de la condamnation, sur la place du Trône Renversé.

En vertu des lois révolutionnaires, les biens des condamnés à mort étaient assimilés aux biens des émigrés. En conséquence, ceux des demoiselles Barberon furent mis en vente aux enchères, à la barre du tribunal du district de Neuville-aux-Loges. Ils paraissent n'avoir pas eu d'acquéreurs, car le procès-verbal ne relate aucun nom d'adjudicataire. Plusieurs années après, suivant les indications du sommier de l'enregistrement d'Outarville, ils furent restitués à la famille.

VIII. — EN BERRY.

Né en 1799, Joseph, comme le juge de paix d'Outarville, était fils de Jacques et de Jeanne Gombault. Il s'était fixé en Berry et marié dans le pays.

Il administra, pendant plus de vingt ans, la commune de Poulaines, dont il était maire, avec une entente des affaires dont les vieilles gens de l'endroit peuvent encore rendre témoignage. Grâce à son zèle toujours en éveil, le bourg changea de face. Son plan fut régularisé par des percées judicieuses ; de belles routes le rattachèrent aux localités voisines et remplacèrent à l'intérieur les chemins ravinés qui servaient de rues. En bordure, de jolies maisons s'élevèrent. Sur une large place, des tilleuls, des platanes donnèrent aux promeneurs, pendant les chaudes journées d'été, la fraîcheur et l'ombre. Sous des maîtres choisis, l'École, confortablement installée dans un bâtiment neuf, prit un développement inespéré. En toute occasion, le maire mettait fort à propos au service des intérêts dont il avait la charge son influence de Conseiller d'arrondissement puis de Conseiller Général.

Après avoir exercé le notariat pendant une dizaine d'années, Joseph se tourna vers l'agriculture. Il était membre diplômé de l'Académie Agricole, Manufacturière et Commerciale, fondée en 1830, sous la présidence du duc de Montmorency.

Il entreprit le défrichement, dans les communes limitrophes de Rouvre et de Buxeuil, de vastes étendues portant la trace d'anciens labours, mais où la bruyère poussait à souhait, depuis la révocation de l'Édit de Nantes.

La lande fut attaquée par les méthodes les plus nouvelles. Une belle ferme, Ste-Marie, fut bâtie au milieu des Brandes, et la vie reparut avec la culture sur ces terres livrées depuis des siècles à la solitude et à l'abandon.

Cette ferme appartient à l'heure présente au fils de son frère Philémon, M. Frédéric Barberon, de Vierzon.

IX. — AUJOURD'HUI.

Frédéric suit les traditions de son oncle. Doué d'une activité rare, il cède après quelques années d'exercice son office de notaire, dont les occupations sédentaires ne convenaient point à son tempérament, et réussit à se faire une belle place, à la fois dans la culture, dans la banque et dans l'industrie. Il a été secrétaire de la Chambre des Notaires, trésorier-rapporteur de la Chambre de Commerce de Bourges. Il est depuis de longues années membre du comité de la Croix-Rouge.

Récemment, il a fait élever dans les bois de Chezeau-

Brisset une charmante villa, dans laquelle il s'installe pendant les beaux jours, à proximité de ses affaires.

Son fils aîné, Maurice, est allé en Extrême-Orient, accompagnant un cousin de sa mère, le général Chevallier, commandant supérieur des troupes à Saïgon. Il fut chargé du contentieux aux douanes de l'Indo-Chine. Mais fort éprouvé par le climat, il a dû rentrer en Europe.

Il est maintenant à la tête d'une fabrique importante et bien achalandée de machines agricoles.

Le second fils, Roger, après s'être initié aux affaires dans les grandes écoles industrielles du nord de la France, dirige à Beauvoir, dans l'Allier, une lucrative entreprise pour l'extraction des argiles blanches, employées à la confection de la porcelaine.

*
* *

Le commandant d'artillerie, Alexandre Barberon, est fils de Joseph. Élève de l'École polytechnique, il a fait, lors de son entrée au régiment, la campagne de Crimée, puis séjourné deux ans en Algérie. Il a servi dans le beau régiment d'Artillerie à Cheval de la Garde Impériale et reçu des mains de l'Empereur, au camp de Châlons, la croix de la Légion d'honneur. Le gouvernement de la Défense Nationale lui conféra le grade de colonel et le désigna pour commander le Dépôt d'artillerie de Cherbourg.

Retiré à Saint-Aignan-sur-Cher, dans son domaine de Poiriers, Alexandre a publié divers écrits. Les uns, purement techniques, sont relatifs aux arts militaires et ne visent que les gens de métier; son ouvrage : *Le Christianisme et l'Église* est d'un intérêt plus général. Il donne, comme critérium de la vérité chrétienne, un fait saisissable par tous les esprits cultivés : « La Permanence et l'Immutabilité dogmatique de l'Église à travers les siècles. »

Ce travail, entre autres témoignages flatteurs, lui a

valu les compliments de deux prélats éminents, le cardinal Donnet et Mgr Dupanloup.

Depuis bientôt trente ans, il est président de la Conférence de Saint-Vincent-de-Paul, de Saint-Aignan, et Correspondant Cantonal de la Société de secours aux blessés.

Les deux enfants d'Alexandre appartiennent à l'armée.

Son fils Paul est capitaine d'artillerie. C'est un touriste plein d'entrain et un élégant cavalier qui a perfectionné son éducation équestre à l'École de Saumur. Comme son père, comme plusieurs autres de ses proches, Paul a fait ses études dans cette vieille et noble maison de Pontlevoy, qui a laissé chez tous ceux dont elle abrita la jeunesse un souvenir attendri. Par son union avec une gracieuse jeune fille d'Orléans, Mlle Jeanne Pierret, il est devenu le gendre d'un Inspecteur des Forêts, professeur distingué à l'École des Barres, dont la famille a compté plusieurs de ses membres dans la haute administration des Finances.

La sœur de Paul, Lucy, est mariée à M. Étienne Vergne, officier de hussards, fils d'un capitaine de frégate qui, après avoir marqué parmi les Officiers Supérieurs les plus en vue de la Marine, fut nommé général pendant la guerre allemande et commanda le camp de Nevers.

Étienne est un sportmann bien connu et fort apprécié dans les salles d'escrime et sur les champs de course. Il a fait ses débuts militaires aux chasseurs d'Afrique, et chevauché pendant quatre ans sur les confins du désert, de Tunis à la frontière marocaine.

*
* *

Dans une branche qui a poussé des rameaux à distance lointaine, nous citerons Paul-Victor, avocat à Lorient, fils de Césarin-Adolphe, homme de loi expérimenté, et d'Adèle de Berteix. Là-bas, sur la terre de

Bretagne, dans les conflits causés par l'indigne persécution religieuse, il s'est rangé du bon côté.

Sa sœur Berthe a épousé un professeur de mathématiques au lycée de Toulouse, M. Humbert. Sa cousine germaine, Mariette, fille de Ferraris, adjoint au maire de Bazoches, est aussi dans l'Instruction publique.

Un descendant du capitaine de grenadiers Barberon de Fontanes, du Royal-Languedoc, continue avec honneur la ligne familiale dans le midi de la France. Il y a quelque trente ans, au fort de la lutte contre le phylloxera, Pierre a publié à Montpellier une savante et substantielle Étude sur les moyens de combattre le dangereux insecte qui ruinait les vignobles, et s'est acquis, comme viticulteur, une notoriété de bon aloi parmi ses compatriotes du département de l'Hérault.

Dans le groupe d'Izy, nous avons plaisir à mentionner un autre Frédéric, agriculteur très prisé dans la région. Il est maire de Crottes, et décoré du Mérite agricole.

Son fils Aristide suit la même voie avec un égal succès.

Un autre Barberon, Adrien-Théodule, originaire d'Oison, est allé chercher fortune au Caucase. Il est négociant à Tiflis.

*
* *

Le chef actuel de la famille est M. Jules Barberon, ancien conseiller à la Cour d'appel d'Angers. Il est fils de Frédéric-François, ce juge-de-paix dont nous avons eu l'occasion de parler avec éloge.

Fort appliqué à ses devoirs, il a débuté très jeune dans la magistrature comme juge suppléant, chargé de l'Instruction au Tribunal d'Orange. Il était entré dans la carrière sous les auspices d'un maître du Barreau, M. Nogent-Saint-Laurens, dont il avait été le secrétaire.

Délégué maintes fois à la Présidence des Assises Criminelles, il avait su gagner tous les suffrages par sa fermeté éclairée et sa modération dans la Direction des débats.

Il a perdu récemment son frère Léon, qui occupa pendant trente ans une des meilleures charges d'avoué de Paris. Léon, successivement Secrétaire, Syndic, puis Rapporteur de la Chambre, déclina pour des raisons de santé les fonctions de Président que ses collègues voulaient lui conférer. Il est mort en 1902.

Jules a deux filles, dont l'aînée, Madeleine, a épousé un officier de mérite, Paul Pereira, fils du général de ce nom.

Il est aujourd'hui retraité et Chevalier de la Légion d'honneur.

Pendant l'hiver, il habite Angers dont il goûte pour lui et les siens les ressources intellectuelles et artistiques.

Il passe la belle saison à Outarville, dans la maison qui fut celle de son père et de l'oncle Vital. C'est là qu'il a vécu ses jeunes années. Il a complété et rajeuni sa demeure, replanté ses jardins. Quand les blés mûrissent, il aime à sonder du regard ces plaines aux larges horizons, où les épis ondulent sous la brise comme une mer moutonnante.

Dans ses studieux loisirs, il poursuit d'intéressants travaux sur les familles du pays, déchiffrant les vieux écrits, interrogeant cette terre où, depuis mille ans, les hommes de notre sang ont marqué leur empreinte.

CONCLUSION.

Les armoiries des Barberon ont été reconnues dans le grand Armorial de 1696. Ils portent: *de sable à une levrette d'argent accompagnée de trois étoiles d'or.*

Puissent les membres de cette famille, dans quelque position que la Providence les ait placés, se laisser toujours guider par les étoiles qui brillent sur leur blason dans le chemin du travail, de l'honneur et du devoir.

QUELQUES SIGNATURES DES BARBERON

Jehan BARBERON,
Trésorier-payeur de la gendarmerie de France, 1613.
(*Pièce de comptes.*)

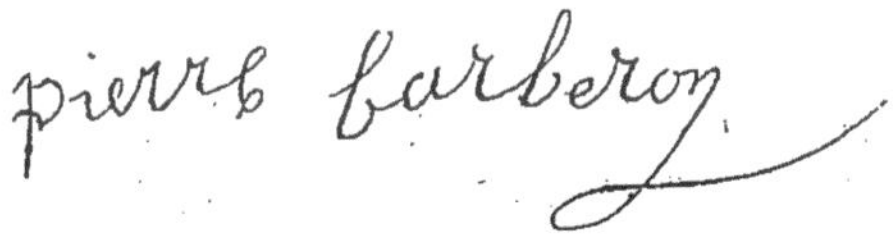

Pierre BARBERON,
Époux d'Antoinette Boucher, 1619.
(*État civil.*)

François BARBERON.
Fils de Pierre et d'Antoinette Boucher, 1627.

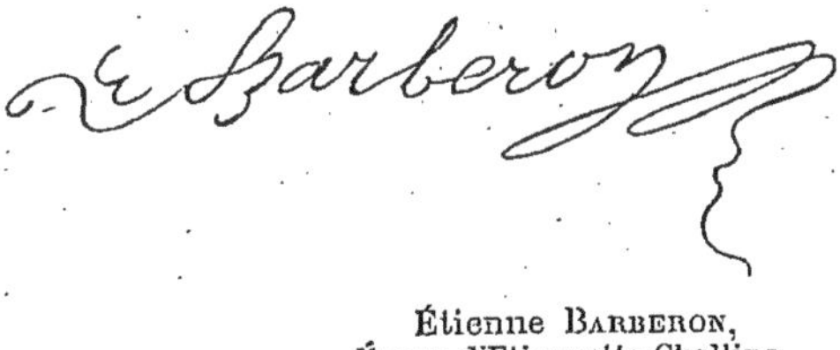

Étienne BARBERON,
Époux d'Etiennette Challine,
Fils du précédent François, et de Jeanne Gombault, 1694.
(*Contrat de mariage d'un de ses fils.*)

Bethaire Barberon,
Fils d'Étienne et d'Etiennette Challine, 1704.
(*Sur bail.*)

Jean Barberon, dit l'aîné,
Petit-fils de Belhaire et de Anne Ronceray.
(An v, *pièce de comptes.*)

Jacques Barberon,
Percepteur, fils de Jean Barberon dit l'Aîné
et de Reine Rousseau.
(*Avertissement*, an xi.)

Vital Barberon,
Frère du précédent, juge de paix, 1833.
(*Lettre.*)

Honorée Barberon,
Sœur des précédents, dame Ponssineau, 1810.
(*Pièce de comptes.*)

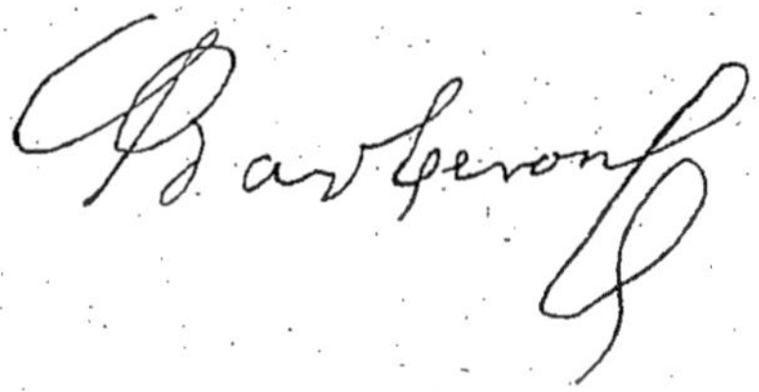

Frédéric-François,
Juge de paix, fils de Jacques et de Jeanne Gombault, 1860.
(*Passeport.*)

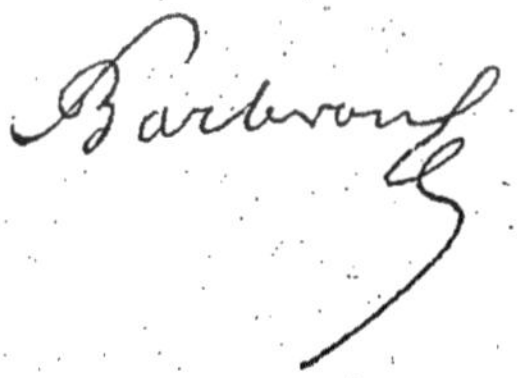

Joseph Barberon,
Fils de Jacques et de Jeanne Gombault, 1856.
(*Lettre.*)

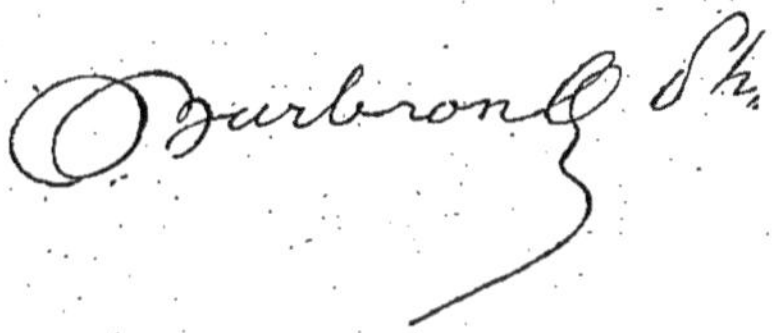

Philémon Barberon,
Fils de Jacques et de Jeanne Gombault, 1861.
(*Lettre.*)

www.ingramcontent.com/pod-product-compliance
Ingram Content Group UK Ltd.
Pitfield, Milton Keynes, MK11 3LW, UK
UKHW051024210726
13857UKWH00007B/1777